Nacht ist Nacht, Tag ist Tag.
Winter ist Winter. Und ein Bär ist eben ein Bär.

© 2017 Midas Collection
ein Imprint der Midas Verlag AG

Texte © Kaisa Happonen, 2016
Illustrationen © Anne Vasko, 2016
Originalverlag: Tammi, Finnland
Übersetzung: Claudia Koch
Gestaltung: Gregory C. Zäch
App-Entwicklung: Step in Books

ISBN 978-3-03876-120-4

Alle Bären im Wald hielten ihren Winterschlaf.

Außer einem – ein Bär namens Mur.

Die Bären hatten sich bei einem langen Abendessen gestärkt – das Abendessen dauerte den ganzen Sommer. Doch dann gähnten sie und wurden müde. Und einer nach dem anderen stolperte in die Höhle, um Winterschlaf zu halten.

Alle – außer Mur.

Dabei war es bereits Herbst und alle Bären sollten eigentlich schlafen gehen. Aber Mur war noch kein bisschen müde. Er bummelte, wollte noch nicht in die Höhle und blieb einfach draußen.

SO LAAAANGE WIE MÖGLICH.

Bevor Mur jedoch auch nur eine Winter-Schneeflocke entdecken konnte, grummelte ein großer Bär:

KOMM!

Also trollte sich Mur in seine Höhle, obwohl er dazu keine Lust hatte. Überhaupt keine.

Die anderen Bären schnarchten bereits, aber Mur starrte von der Wand zur Decke.

Nur er allein war noch wach, und der Winter war lang und dunkel.

Sehr,

sehr

Mur konnte nicht einschlafen, er war überhaupt nicht müde. Auch nicht, als er sich umdrehte. Mur hielt sich die Augen zu und tat so, als wäre er eingeschlafen. Oh je! Wenn Du Deine Augen nur zumachst und nicht schläfst, kannst Du ja auch nicht träumen!

Eins, zwei, drei, sechs,
hundert, tausend Preiselbeeren!
Ich will endlich den Winter sehen!

Aber Mur musste in seiner Höhle
bleiben – einer dunklen Höhle,
dunkel wie ein schwarzer Kohlensack.

Als Mur alle seine Tränen geweint hatte,
wurde er ärgerlich:

»Warum **MUSS ICH?**«

»Weil das Bären **IN DIESEM WALD** so machen.«

»Weil das **DIE BÄREN** in diesem Wald immer so machen.«

Mur war ein Bär, er hatte ein braunes Strubbelfell – genau wie die anderen Bären im Wald. Dabei fühlte er sich gar nicht wie ein Bär.

Wie sehr sich Mur auch Mühe gab, seine Augen zu schließen oder offen zu halten; immer war er zur falschen Zeit wach oder schlief.

Mur starrte geradeaus in die Dunkelheit der Höhle. Einmal noch, dachte er, und drückte ganz fest die Augen zu: 1-2-3-4-

LICHT!

Ein Lichtstrahl drang von der Decke der Höhle bis zu ihm hinunter.

Mur spähte durch das kleine Loch nach draußen. Ein Stern funkelte ihn an, hellwach und strahlend schön.

»Ich bin Mur. Ich bin ein Winterbär.« flüsterte Mur.

»Ich bin Mur, der Winterbär!« sagte er dann laut.

Mur wartete keine Sekunde. Er grub sich seinen Weg aus der Höhle ins Freie. Dann drückte er seine Tatze in den Schnee. SCHNEE!

»Ich bin Mur, der **WINTERBÄR!**«
rief er stolz.

Hoch am Himmel gab es kleine
Sterne, große Sterne, dunkle Sterne und helle Sterne.

Hier unten bedeckten Schneehügel die Höhlen.
Sie alle hoben und senkten sich mit dem Schnarchen
der Tiere darin: hoch und runter, hoch und runter.
Kleine Atemwölkchen stiegen aus ihnen empor.

Alle Bären im Wald hielten ihren Winterschlaf.
Alle außer einem: Ein Bär kletterte auf einen Baum,
fing Schneeflocken mit der Zunge und blieb wach.

Ein Bär namens

MUR